Is i mBéal Feirste i 1965 a saolaíodh Pól Ó Muirí. Tógadh agus oileadh sa chathair é. Bhain sé céim B.A. (Onóracha) agus Ph.D amach ó Ollscoil na Ríona, Béal Feirste. Tá sé ina chónaí anois in Achadh Gallán, ar imeall na Móinteacha. Is é Eagarthóir Gaeilge an *Irish Times* é.

Leis an údar céanna

NA MÓINTEACHA

NA MÓINTEACHA

PÓL Ó MUIRÍ

LAGAN PRESS
BELFAST
2003

Arna fhoilsiú ag
Lagan Press
138 University Avenue
Béal Feirste BT7 1GZ

ISBN: 1 904652 04 2
Údar: Ó Muirí, Pól
Teideal: Na Móinteacha
2003

Clúdach: Francis Gorman
Dearadh: December
Arna chlóbhualadh ag Easyprint, Béal Feirste

do Mary

'The language and religion of the native people disappeared completely with the exception of a small refuge settlement in the midst of the great bog on the Lough Shore in the parishes of Aghagallon and Aghalee. Here Irish continued to be spoken until 1800.'

—Fonóta as *I mBéal Feirste Cois Cuain*

'The Irish language too prevailed to a great extent throughout the Parish about 40 years back [sa bhliain 1838 a scríobhadh so] particularly in the Montiaghs.'

—Fonóta as *I mBéal Feirste Cois Cuain*

Contents

Achadh Gallán

Slistear an strataisféar
Sileann braontaí solais
Anuas
Splais
Baintear cruthanna as dorchadas
Maisítear clár is cuibhreann
Fómhar maidine.

Beach

Feithid gan eitilt, de réir teoirice,
Bogann sí ó bhláth go bláth
Aineolach ar a héagumas aerúil
Sona sásta súmhar.

Broc

A shoc le himeall an bhóthair
Shílfeá gur néal tobann a tháinig air
Murach tranglam feola na bputóg glóthach;
A shéithe stróicthe siar de chnámha nochta
Cuileogaí ag ceiliúradh an lóin.

Cé leis thú?

An é sin do gharmhac atá ag ní fuinneogaí gluaisteáin
Faoi dheifre mhaslach bharram tráchta i nDún Dealgan
Nó an í sin d'iníon ceilte faoi stoc ildaite an chine chaillte
Agus í ag díol The Big Issues ar Shráid gháifeach Grafton
Mar a rithim thar bráid ar lorg ceapaire gourmet don lón
Agus cén gaol atá agat leis an chorp a luíonn lúbtha
Ar bhruach canála, í ar snámh i smál a cuid fola féin,
A margadh déanta don uair dheireanach.

Clann na gCat

Bella atá ar an chat dhubh;
Digger atá ar an cheann riabhach
Agus Marbles ainm an phuisín
Atá chomh riabhach le Digger
Go gcreidtear gur athair is mac iad,
Rud nach fíor.

Tá Marbles chomh hóg sin
Go gcuireann sé spéis ina ruball,
Ag casadh leis le greim a bhreith air.
Breathnaíonn Digger le bród é
Agus an éad nó ailse a thiontaíonn
Súile Bhella buí?

Corr Réisc

A muineál mín i bhfostú línte gutháin
Stánann súile gan solas ar spéir thréigthe
Líonann linn cleití faoi iongaí crochta
Éiríonn an féar liath is gorm
Síneann ga folamh a goib bhailbh
I dtreo na locha torthúla.

'Disappeared'

'Meiner Mutter Herz ward wund von Blei.'

—Paul Celan

Méara sceana an impígh a bádh ina bheo
Aiséiríonn gais an fháis ó chill an chlaí
Fágann craiceann na dubhithreach ina ndiaidh
Tugann céim bhacach i dtreo an tsolais sheargtha.
Tá na mairbh rúnda ag cothú na mbláth balbh.

Dreoilín

Adamh donn an amhráin
Scoilteann sé a ghob
Pléascann an pláinéad
I gcaor thine cheoil.

Duilleog

An mar seo don dán?
Duilleog aonair faoi thóin toim
Scartha ón ghéag ghrámhar
Ag feo
Dearmadta.

Easóg

Lán béil d'éan
Crúba an bhásaire ag damhsa
Súile a thugann le fios
Nach de mo ghnóithe é.

Feirmeoir

'Ar thaitin an Spáinn ghrianmhar leat?'
'Níor thaitin. Chrothnaigh mé an t-eallach.'
'Agus an clábar?'
'Aidh. Agus an clábar goimheach.'

Fiche Bliain

Tá an t-ainm féin sciomartha den mharmar mharbh
Sníonn féar agus fiailí thar an chloch chuimhneacháin.
Bhí na céadta mílte i láthair ag a thórramh ach go fóill féin
Fiafraím den chill: cérbh é? cad chuige? cérbh é? cad chuige?

Géimneach

Géimneach bó i bputóg na hoíche
Osnaíonn cruinne thachta
Faoi ghaoth is fhearthainn.

Gráinneog

Tuigim duit, a bhráthair na ndealg droma,
Do cheann ar crith i do chliabh
Dreancaidí ag baint de do thóin
Spíontaí na cosanta gan mhaith.

Iora Rua

A fhile bhig na darach dualaí
Mar a charnann tusa cnónna
Cnuasaím chugam féin línte;
Muid beirt ag líonadh folúis
In adhmad pollta ár saoil.

Laibhe

Croitheann an talamh faoi sholas gan chorraí
Ramhraíonn rang goirmíní searraigh
Pléascann faoi pheitil laibhe.

Loinnir
do Laoise

Loinnir an Earraigh
Chéadbhláth na ráithe
Lúth lámh is cos
Cailín!
Cailín na súl donn.

Luí na Gréine

An dalladh deireanach roimh dhúchan
Seasaim faoin léas drithleach
Beo buíoch
Páirteach i gcosmas múscailte.

Lus an chromchinn

Buíocán an bhlátha ris ar ghas rómhín
Tonnann coróinín aibí faoi anáil Earraigh:
Cúbann peitil an achainígh ar a n-urnaí.

Miúil

Ainmhí idir asal is each
Éan idir ceolaire is fiach
Cainteoir idir Gaeilge is Béarla
Ginte i ndébhríocht:
Ultach; file; miúil.

Na Móinteacha

'I burned all along the lough within four miles of Dungannon and killed 100 people, sparing none of what quality, age or sex soever, besides many burned to death. We kill man, woman and child, horse, beast whatsoever we find.'
—Sir Arthur Chichester, *1603, sliocht as I mBéal Feirste Cois Cuain.*

Sioc ag briseadh faoi choscairt chos
Fáltaí pollta ag eallach ocrach
Siúlaim bóithre an bhaile le coiscéim
Éadrom aineolach an choisí leochailigh
Ar lorg ábhair don tsúil is don aigne
I ndúiche seo na Seacht nDoire.

Tostann fuaimeanna daonna
Dóirtear isteach i gcéadfaí múscailte
An ghaoth ag cuisliú i gcraobhacha,
Aibhleog aitheantais do chluasa reoite
Ag píochán tráchta is traenach
Ag glórtha páistí nach gcodlaíonn.

An tsúil féin, lastar de phreab í;
Athshealbhaíonn sí a dúchas
Carnann chuici féin íomhánna
Athnuachana an dúlra:
Uisce faoi smug ghlas i ndíog thachta
Sméara raimhre gan ithe ar dris

Málaí plaisteacha caite cois claí
Cannaí stáin fágtha mar ofráil
Do dhia beag na drúise is na sainte,
An coiscín líonta crochta ar dhealg.
Fáilte go críocha caomhnaithe:
Cosain do bhod.

Tá na spága ainchleachtaithe le spaisteoireacht.
Másaí agus mantáin éiríonn teann fríd chaschoill
Bogann an chré mhothálach bheoga fúm
Ní dhiúltaíonn sí do rian trom cos
Mar a dhiúltaíonn cosán do sháil bróg.
Diúlann dosanna féir na rúitíní; atann siad.

Tá duine inteacht ag dó móna.
Cuirim a boladh san eadarlúid
Idir tarracóir ag bromadh thar bráid
Agus rang préachán ag éirí ar eiteogaí;
Glagarnach a míshástachta ina macalla
Ar mhachaire luachra.

Tá ealaí ag innilt in uisce;
An chorr réisc ag seilg go stuama
Ar pháirceanna báite—
É ina mhanach marfach
Faoi chochall a chlúimh;
Tóraíocht thostach an tsleádóra

Le mothú ina creatlach cúramach.
Siúlann an bás leis, éan seo
an tSábhana uisciúil,
Másaíoch seo na Móinteacha.
Cnuasaíonn sé tost chuige féin,
Suaimhneas an tsnípéara.

Ciorclaíonn clamháin láthair seo an áir
Méara na gcleití ar sciatháin go soiléir
Agus sonraím bagairt an bháis ina gcuideachta.
Músclaíonn tormán miotail mé
Claonaim mo cheann in airde
Agus aithníonn gan dua ainmhithe RAF m'óige

Puma, Lynx, Gazelle
Iad ag éigniú na fairsinge

Sula gcúlaíonn siad go bun na spéire.
Scaipeann a gclagarnach fhiáin
Na héanacha ina scaití scaolmhara
Agus, go tobann, gan súil, arís, tá mé

I mo staic os comhair do chroise
Ag déanamh cuntais ar na bliantaí
Ó phlúch seilgeoirí seicteacha do bheo.
Fágfaidh mé dínit d'ainm agat féin
Ach bíodh a fhios agat
Go mbím ag guí ar do shon go fóill.

Nead

Tréigthe i bhfál Fómhair
Lán boise tuí is clábair
Ubh chloiche ina croí gan chuisle.

Newton

Dar leis an mháistreás Ní Dhoibín, is é John Joseph McAlinden
As Doire Úll an bómán is mó sa rang—gan eisceacht!
Sáraíonn an cheist is simplí sa mhata air:
Is beag a aird ar an Teagasc Críostaí;
Ní bhíonn na ranna Béarla de ghlanmheabhair in am
   ar bith aige
Agus ní bhíonn an dara rogha ag an mháistreás ach
   a sháith a bhualadh
Ar John Joe bocht, fearbacha móra dearga a bhaint as a bhosa
Le go bhfoghlaimeodh sé, mar ba cheart, an uimhir iolra de
flower, watch, junto, staff, woman, bandit, erratum, goose, index,
magus, seraph, brother, hoof, grotto, tax, garden, orange, miss,
city, bay, gulf, monarch, tree, loaf, mouse, automaton,
hypothesis, penny, die, bush, deer, muff, lady, radius, potato, ox,
genus, criterion.

Ach tá John Joe balbh ina chuid Béarla.
Teanga eile a labhrann sé agus gramadach an nádúir
   a chomhréir.
Ardaíonn Newton Dhoire Úll a mhéar chun spéire
Agus bheir tarngaireacht: 'Beidh fearthainn ann inniu.'
Tig tuar faoin tarngaireacht i gcónaí—bíonn fearthainn ann.
Tchífidh tú ar a ghogaidí é, a mhéara ar rian na gcrúb
   sa chlábar
Fios gach feasa aige ar pheannaireacht éadrom na n-ainmhithe:
Broc, madadh rua, coinín, easóg.
Lá samhraidh, bíonn a chloigeann thuas sna néalta
   agus é ag ainmniú
I liodán ceolmhar fisic bheo na n-éanacha: smólach, lon dubh,
gabhlán gaoithe, gabhlán binne, rí rua, spideog, dreoilín, fuiseog,
fáinleog, pocaire gaoithe.

Oíche

'Ich bin bereit, dem Rhein alles zu glauben: nur seine
sommerliche Heiterkeit habe ich ihm nie glauben können;
ich habe diese Heiterkeit gesucht, aber nie gefunden.'

—Heinrich Böll

Cúrsa tórraimh na gréine go talamh
Súnn an coineascar solas as cnámha aicídeacha an lae
Smúidíonn scamaill tláithghlasa machaire na locha
Titeann an corp crapchosach faoi thoinn
Cónra ag corraíocht le huaigh gan choinne
Greim na húire ar aghaidh ghéiseachtach
Ag bá faoi chréafóg gheireach uisciúil.

Peann is pobal

Déan do rogha féin idir peann is pobal:
Dhá mháistír ní féidir bheith ort;
Dhá dhílseacht ní féidir a shásamh.
Déan do rogha, mar sin, bheith dílis
Don fhocal fíor nó don mholadh lústrach.

Pocaire Gaoithe

Uabhrach ina eitilt thriantánach
Titeann sé go tobann chun talaimh
Éiríonn go tiarnúil in airde
Fanann ag ainliú ar líonta a sciathán
A cheann crom ar chuibhreann
A ruball ag snasú na spéire
Tuigse iomasach a chroí chlúmhaigh
Ar thaoidí aeir; é ar teaghrán
Ag spás beochumtha.

Rannaireacht

Tá deireadh le rannaireacht na gcrann—
Tá an seiceamar agus an dair ag baint díobh
Ag seoladh chun talaimh dántaí na nduilleog
Ag ullmhú don Gheimhreadh sheasc.
Éiríonn craobhacha nochta tostach i bhfás
Ach ceileann cnámha loma cumas filíochta;
Tiocfaidh an tEarrach agus bláthú athuair.

Saileach shilte

Tá an t-adhmad á bhreacadh
Deora airgid as géaga gonta titeann
Sú na beatha á reo san aer.

Sionnach

Dhá splanc mheirgeacha i gclapsholas
A loisceann faoi shoilse santacha cairr
Scuabann an ruball rua faoi bhun claí é
Imíonn i measc iomairí Ard Mhacha.

Sluasaid

Níonn an tírghráthóir an tsluasaid le cúram paiteolaí
Glanann smidiríní cnáimhe den lann chorcraithe
Cartann an fheoil den iarann rua le huisce tobair
I mbaisteadh págánach. Tá an tóch déanta,
An corp plúchta in íochtar páirce.
Tá Éire saor.

Spideog

Chomh dáigh le Fear Buí
Seasann sé an claí
Lambeg a chléibh
I mórtas séidte:
Ní ghéillfear orlach.

Spioróg

Céimseata go hiomasach
I seilgeoir na deifre
Diúracán idir fáltaí
Diúltaíonn don domhan
Básaire gan choinne.

Teanga

Cad é an Ghaeilge atá ar belly button?
Ransaigh mé Ó Dónaill agus de Bhaldraithe;
Chuir mé ceist ar ollúna ollscoile;
D'fhiafraigh mé de bhean Ghaeltachta agus d'fhreagair sí:
'Níl a leithéid ann sa Ghaeltacht.'

Caithfidh mé scríobh go dtí an tIrish Times faoi seo.
Fuair mé amach an Ghaeilge atá ar sausage roll agus ar sissy;
roller coaster agus recurrent, personal stereo agus pilfering;
manicure agus magnifying glass; equilibrium agus eurocrat;
yoghurt agus zebra crossing. Tá siad ann.

Ach níl a fhios agam cad é an Ghaeilge atá ar belly button.
Cad é mar is féidir liom aghaidh a thabhairt ar an mhillennium
agus mo bhelly button Béarla agam?

(Ó, a Dhia, cad é an Ghaeilge atá ar millennium?)

Uisce

Drumadóireacht díle ar dhuillí i ndéine
Forbhualadh ón chianaois
Snaidhmeann clúid leachta
Neamh agus talamh le chéile
In aon bhráillín beoga amháin.
Éist; cluinfidh tú an Eilc Mhór.